# 「九九」が言えないまま大人になる子どもたち

平山裕人



寿郎社ブックレット７

# 目次

# はじめに――断末魔の教育現場

今、日本の教育は瀕死の状態です。断末魔の中にあります。小学校・中学校の公教育の現場は異常な事態になっています。

原因ははっきりしています。国の教育政策の失敗です。もっと言えば、二〇〇六年に第一次安倍政権が教育基本法を改悪して以降の教育行政が、戦後七〇年にわたって培われてきた「学校教育」を破壊してしまったからです。これから本書で述べていくように、教育現場を崩壊させた原因が分かっているのに、それを是正することができないのは、あちこちから膿が吹き出していて、もはや何から手を付けていいのか、誰にもわからない状態になっているからです。

学校の教員も、保護者も、日々、悪しき教育政策に晒され、慣らされ、もはや「お上」を批判することは無論のこと、その行き当たりばったりの朝令暮改の指導に疑問を持つことすらなく、上から下りてくる教育政策を受け入れることしかできなくなっているということです。

その結果、子どもがまず第一の被害者となり、次いで現場の教員たちと親が被害者となっています。

## 夏休みあけの不登校と自殺

たとえば、「夏休みあけの登校日（北海道以外は九月一日）に不登校になる子どもが年々増えている」という報道がありました。テレビ番組では識者が「休み中、家でのんびりしていたので生活のリズムが狂ってきているんですね」とか「それを修正しなければいけないですね」などと言っていました。

冗談ではありません。「年々」不登校が増えているのですから、「年々」学校がおかしくなっているということでしょう。子どもたちが「学校に行きたくない」「行けない」と言っているのに、それを「家庭のせい」「子どものせい」にする。学校に行けなくなるまで子どもたちが追い込まれているのに、マスコミも識者もまだ気付かないふりをしている――。

夏休みあけに自殺する子どもたちが年々増えているという報道もありました。

これについては「カウンセラーを充実させるべきだ」という識者のコメントがありました。しかし、まず考えるべきは、学校生活の形だと私は思います。子どもの生活でいかに学校の占める割合が大きいか。そしてその中で、どれほど苦しんでいるのか。子どもたちは、死ぬほど、学校に行きたくないのです。

## いじめの増加と「居場所づくり」

不登校や自殺の原因ともなる「いじめ」の数も年々増えています。文部科学省（文科省）は「いじめの数が増えているのは、学校現場にいじめの意味の理解が広まったので、それが数字に表れたため」とよく言います。

よくもそんな屁理屈を言えたものです。文科省〜教育委員会の押し付けてくる管理教育こそが子どもたちを追い込み、いじめを誘発しているのですから。

年々増える不登校やいじめに対して教育委員会は、「苦しんでいる子どもに対策を」ということで、「子どもの居場所づくりが必要」などと言い出しています。何もしないよりはましかもしれませんが、そもそも「なぜ子どもが苦しんでいるのか」という根本のところを見ないまま「対策」を立てても、根本的な解決には至りません。悪しき教育政策に基づく、教育委員会の学校への細かな「指導」によって、子どもたちは管理され、追い込まれ、不登校やいじめが起こりやすくなっているのです。その教育委員会が「居場所づくり」を進めるという矛盾。そして、そこに「配置」される人材の多くが「元校長」という現実。子どもの居場所が元校長の居場所——天下り先となっているのです。

## 教員の退職となり手不足

さらに、年々、定年前に辞める教員が増え、教員になりたいという若者が減っています。おそらく、日本中で学級定数に対する教員数が確保されていないはずです。教員が産休や病休に入っても、かつてのように代わりに入る教員がいないのです。

このような教育行政の不備や矛盾、管理のしめつけは、子どもたちの学校生活に多大な影響を与えます。たとえば、不登校や自殺に加えて「学級崩壊」が起こります。子ども同士の人間関係も教員との信頼関係も崩れ、授業も学級活動も成り立たなくなるのです。そうなると、ドミノ倒しのようにさまざまなことが起こります。たとえば一部の保護者が学級が崩壊したのは担任のせいだと言い出します。なかには凄まじい担任攻撃を執拗に行う保護者もいます。限度を超えたそれは「犯罪」と言ってよいほどですが、それが犯罪となることはまずありません。

保護者から攻撃された教員の心は折れます。そして多くの人が、黙って病気になって、なかには黙って辞めていく人もいます。みな自分が悪いのだと思っています。

しかし、違います。教員も、あえて言いますが保護者も、悪くないのです。悪いのは、批判されるべきなのは教育政策・教育行政なのです。そして、そうした教育政策・教育行政を現場に下ろしているのは学校の管理職——校長・教頭のほか主幹教員の場合も——です。現場の教員が苦しい思いをするか否かは管理職の資質しだいなのです。

## 苦しむ教員と的外れな教育委員会の指示

病欠したり定年前に辞める教員ばかりではありません。今すぐにでも教員を辞めたい、しかし家族を路頭に迷わすわけにはいかない——この一念で教員を続けている人の何と多いことでしょうか。

多くの教員が教育に夢やロマンを感じることなく、苦しみながらしぶしぶ教員をやっているのです。

定年を待たずに教員を辞める人はかつてもいました。しかし辞めるにしても年度末まで我慢して三月に辞めていくのが普通でした。しかし今は「もう限界だ」と年度途中で辞める人が出てきました。教員の労働時間は半端ではなく、過労死ラインを越えているのが常態化しています。そしていくら働いてもサービス残業で時間外手当などビタ一文出ないのです。今や教育界は超ブラック職業の代名詞になっています。

子どもたちも、教員も、こんなに苦しんでいる日本の学校教育とはいったい何なのでしょうか。

教育行政もこの状況はまずい、何とかしなければならない、とは思っているようで、「これではだめだ」「働き方改革」だと言って、教育委員会によっては管理職に指示が出され、それが現場の教員にまで下りてきます。「残業はするな」と。一カ月の残業時間が上から決められ、机の上に「あなたはあと何時間しか残業できませんよ」という紙が置かれていく。どんなに仕事がたまっていてもそんなことはおかまいなく、現場の教員に「早く帰れ」と管理職が強要します。

残業時間をいくら減らしても仕事が少なくなるわけではありません。むしろ残業しない分だけ仕事はどんどんたまっていくので、教員は自宅に持ち帰って仕事をするか、土曜日・日曜日にも学校に来てさまざまな業務——アンケートの分析やら保護者対応やらPTA活動やら——を行うことになります。しかし、いくらやっても仕事は終わらない。それが日常になっています。教員本来の仕事である授業の準備や学級づくりの仕事は、どんどん後まわしになっていく。いや、忙しすぎてもう何が本来の仕事かわからなくなっている……。

そんな状態の時に、管理職からまたわけのわからない指示がくる。たとえば——。

あるとき突然、管理職から「今年は『働き方改革』として年賀はがきの交換はやめましょう」と提案される。年賀はがきを書くか書かないかなどは、個人の自由です。管理職からとやかく言われる筋合いのことではありません。

あるいは、「効率化」の名の下に、職員室でコピーを取ったり、テストの○付けをする専門の人を雇うと言います。

テストの○付けは、どの子どもがどのように理解し、どこで躓いているかを知る大事な機会です。担任教師の重要な仕事の一つであって他人にさせる仕事ではありません。

しかし、いつのまにか子どもたちは通常のテスト以外に、教育委員会から下ろされるテストや、学力テスト対策のテスト、ドリルや市販のテストを購入させられています。それが教員の仕事量を増大させているのです。どうでもいいテストばかりですが、「テストが多くて大変」だから「誰かに○付けをしてもらおう」というのが教育委員会の発想です。しかしそれを是正するのは簡単なのです。無駄なテストをやめてしまえばいいだけです。

さらに「お上」が考え出した「効率化」の一つが、保護者や地域の人による「教室の清掃ボランティア」です。子どもの代わりに親に掃除をしてもらう――。ちょっと待ってください。「教室清掃」とは「雑務」だったのでしょうか。「当番活動」という「自治的活動」であり、教員と子どもが接する大切な学校生活の一部ではなかったのでしょうか。

「○付けの外注」や「清掃の外注」を行うことでいったい何が変わるというのでしょうか。本質的なところが何一つ変わらないのに、あるいは変える気がないのに、枝葉の現象面だけに手を加えて何かが改善したように思わせる。こうした問題の対応の仕方もこの一〇年余りで加速しています。

## 私は何者？

さて読者はこのあたりで「好き勝手なことを言っているお前は、いったい誰なんだ」と思われることでしょう。遅ればせながらここで自己紹介をさせてもらいます。

私は北海道の教育大学を卒業し一九八一年四月から二〇一九年三月までの三八年間、北海道で小学校の教員をしていました。校長による評価はA～Dの四段階評価のうち、ほとんど「C」。「お上にとって役に立たない先生」として暮らしてきました。

二〇一九年に小樽市の小学校を定年退職して、好きな歴史――学生時代からずっとアイヌ史を調べていました――を地域の大人に話したくて、小樽市の自宅でこじんまりとした私塾（日本史・世界史・アイヌ史・郷土史などの歴史塾）を始めました。塾名は「コロポックル学びの家」です。

この私塾はあくまで大人向けで、子どもたちは対象にしていませんでした。子どもたちは毎日六時間授業を強要され、宿題・家庭学習を強要され、どれほど忙しいか、余裕がないか、よく知っていたからです。

## 「コロポックル学びの家」という私塾

しかし歴史塾を始めてみると、子どもたちのほうから「歴史塾に行きたい」という声が上がってきて、「学力向上のため」ではない――偏差値に関係ない――子ども向けの歴史塾も始めることになりました。歴史の裏話や、今では授業でできなくなった人権や平和の視点から歴史をじっくり見ていくことにしました。子どもたちに「歴史の楽しさ」を知ってもらい、「学びが苦行でないこと」「知らない世界を知ることは楽しいこと」であることを感じてほしかったのです。

もちろん、コロポックル学びの家ではテストはしない。ノートをどのように取っても自由。宿題もない。ときどき、保護者同伴で子どもたちと小樽市内の史跡巡り（遠足）も行います。

あるとき、歴史塾に通う小学五年生の子どもが、算数の「割合」の単元で引っかかっているのを見つけました。塾に早く来たその子どもが、学校の宿題をしているのを見て、見つけたのです。これは、五年生の算数でもっとも多くの子どもが引っかかる単元で、そもそも五年生で教えることがどうなのかと思われる内容です。いわば、大本の学習指導要領（何年生に何を教えるかを定めている）に問題があるという類いの単元です。

私は現役の教員時代に、その単元の教え方を工夫して教材作りをしていたので、「三日あれば、わかるようにするから、私の家に来させて」と、その子の親に言いました。

これがすべての始まりでした。

## 子どもたちの学びの塾へ

やがて、学校の体制を拒否している子ども、学校の勉強がわからないままの子ども、外国から日本に来た子どもなどがコロポックル学びの家に来るようになり、それぞれの子どもに合わせた「学び」を教えることになりました。

計画性も何もない、行き当たりばったりの私塾でしたが、表立った募集など行っていないにもかかわらず、子どもの数だけが増えていきました。

私の塾に通って来る子どもたちにドリルやテキストは買わせません。教員時代に作った手書きのプリントを子どもに合わせて使うだけです。そのプリントも、書かれている問題を隅から隅まではさせません。プリントをこなすことが目的ではなく、プリントにある内容（ポイント）が理解できているかどうかが大事だからです。それが理解できたら、まだ残っている問題は無視して、次の学びに向かいます。ここでも、もちろんテストや宿題はありません。

今、多くの学習塾では、入塾に際して試験を行うことが多いようです。まず試験で子どもを選別し、勉強のできない子どもは入れないとか、入塾すると膨大な宿題を出す――といったところが多々あると聞いています。そうした学習塾は子どもにとっては公教育の中で勝ち残るための苦行のように私には見えます。

そうではない、学びのわからない子どもも、学校の勉強に疲れ切っている子どもが、コロポックル学びの家に続々と集まってきました。

今、一人ひとりの子どもに合わせた、ある意味、理想的な教育を行うとなると、高いお金を払って、自由な校風の私立学校に通わせるしかありません。私は、お金持ちではない、普通の家庭の子どもこそが真摯に学べる場があることが大切だと思っています。私の塾ではその子どもたちに、何も難しいことを教えたり特別な（高価な）教材で教えているわけではありません。かつての教員が当たり前に行っていたように、その子どもがどこで引っかかっているかを見つけ、それに対して対策を立て、教えるだけなのです。この一〇年余りのうちに、国が学校教育の現場に落とした爆弾の無数の穴を、私のような田舎の年寄りが必死に手作業で埋めているという感じです。

## 学びを愉しむ

子どもたちは学校帰りに私の私塾にフラッと立ち寄ります。最初は外で遊んでいて、時間になったら、「勉強やるぞ」と私に声をかけられて、学んでいます。

子どもたちから「ハロウィン会やクリ

「コロポックル学びの家」の授業風景

スマス会をやりたい」という声が上がると、その開催は子どもたち自身にまかせます。子どもたちが話し合って、いつどのようなかたちでやるかを決めていきます。私が準備・お膳立てをすることはありません。

こうしたことが口伝えで広がって、今や月曜日から金曜日まで毎日、夕方と夜の二回（土曜日は午前中の一回）、さまざまな子どもが行きかう塾になりました。本来の「歴史塾」のほかに「国語」「算数」、中学の「数学」「社会科」を教えています。一週間に二度来る子どもも含めて塾生はのべ三〇人を超えてしまいました。

## 保護者の教育相談の場にも

実は、子どもたちにもっと教えてほしいという保護者からの要望がきているのですが、断っています。もう無理です。私一人で対応できる限界を超えているのです。

さらに、コロポックル学びの家は保護者の教育相談の場にもなっています。「学校教育を拒否している子どもの保護者」「勉強がわからないまま学校に放っておかれた子どもの保護者」「学級崩壊の真っただ中にいる子どもの保護者」などの話を聞くのです。

さらに塾には中学生が三人、高校生が一人来ています。

「コロポックル学びの家」にやって来る高校生はとても素直な子どもです。中学時代、学びを放っておかれ、中学二年生の終わりころから私の塾に通ってきています。その保護者から「高校に入りましたが、続けて教えてください」と言われました。私は「とてもではないが、高校生に教える力量も、経験もありません」と言うと、「違います。大人になって生きるのに必要な学びを、この子に合わせて教えてほしいのです」と言われ、引き受けました。

ある日、この高校生から「一〇分ほど遅れて行きます」と電話が来ました。遅れてやってきた彼は「今日はヘロヘロなんです。学びを少し減らしてください」と言います。聞くと、休日のこの日、中学生に紹介する体験学習で部活動の様子を見せるために、朝からずっと練習させられていたと言います。昼休みもなく、昼ごはんも食べていない、午後は「反省文を書け」と言われ、反省会をし続けたために夜ごはんを食べる暇もなく、コンビニで買ってきた軽食を食べて、そのまま塾（七時開始）に来たと言うのです。

私は一瞬のうちに、「それは学びではない。ブラック労働だ」と思いました。そして「大切な学びを教えるチャンスだと思いました。

「いいかい、働く者には、昼休みを取り、昼ごはんを食べる権利があるんだ」に始まり、一日の労働時間、一週間の労働時間、反省とは自分たちの反省ばかりではない、むしろ、こういう日程にしたものへの反省も言わなければならない、さらには将来、労働者になったときの権利、団体交渉権、ストライキまでの話を彼にしました。

子どもたちは、劣悪な教育環境に不登校になるしかないのか。荒れるしかないのか。そんなことはありません。理不尽なこととは闘っていい。自分たちに合わせた教育をしてほしいと言っていい。その権利があるはずです。何年か後に遭遇するであろう労働環境の改善も見据えた「学び」の時間にもなったと思います。

## 先生、死なないで

あるとき、この本の草稿を、「コロポックル学びの家」に来る子どもの保護者たちに見せました。どういう感想を持つのかと思ったところ、思いもかけない感想を言いました。

「先生、死なないでください」

「定期検診を受けてください。私たちがお金を集めて払いますから」

何を言っているのかと思ったら、コロポックル学びの家がなくなったら、子どもたちをかろうじて支えている「学びの場」がなくなってしまうという危機感からそう言っているのでした。

本来は、そうした保護者の危機感や教育への要望は、学校や教育委員会、文部科学省に向かって発せられるべきものです。それはまっとうな要望であって、「自分の子どもに学芸会の主役をさせろ」式の無理な要望などではない。本書の草稿を読んだ「先生、死なないで」という保護者たちの感想は、日本の教育の崩壊に付き合わされている子どもたちを、日々見ている保護者たちの「学校はいい加減に方向転換しろ」という叫びなのではないかと私は思っています。

もちろん、ここに書いたのは、私の身の回りで起きた、本当に狭い範囲の中の出来事にすぎません。

そしてもっと言えば、私は自分の校区の子どもたちしか教えていません。しかし、日本中に、同じような環境の子どもが凄まじい数いるのでしょう。

## 本書の狙い

日本の教育の復活には、私は次の二点が必要だと思います。
①教員が専門性を持って、教科書や学習指導要領の問題点を批判し、子どもに合った教育を行うこと。
②教員が管理職を、さらには教育委員会を評価し、よりよい教育環境を行うように求めること。
①を行えば日本の教育全体のレベルが上がるし、②を行うことで「パワハラ」「膨大な超過勤務」「バカバ

カしい指導（圧力）」をなくせます。上意下達の逆を行うということです。子どもに一番近い教育現場が発信の中心にならなくてはなりません。そして、「全国学力テスト」を真っ先に廃止すること。

なぜそうした仕組みが必要か。二〇一九年に教員を定年退職した私は、教育現場で起きている問題について書いた『だれも「おかしい」と言わない小学校〈超管理教育〉の実態』（寿郎社）という長いタイトルの本を出しました。過去四〇年の教育現場の変遷を振り返り、その功罪を指摘しながら、小学一年〜六年までの教科書の内容と行事の内容を批判的に取り上げている本です。保護者に知っておいてもらいたい、普段は表に出ることのない教育現場の「内幕」も率直に書きました。残念ながらあまり売れてはいませんが、私の三八年の教員生活で得た知識と教育への思いが反映されています。機会があればぜひ手にとってほしいと思います。

さて本書は、その前著の内容から特に強調しておきたい点を抜き出したダイジェスト版であると同時に、「コロポックル学びの家」を始めてから分かったことなどを加えたものです。

どこから読んでいただいてもかまいません。「断末魔の教育現場」をまずは知っていただき、さらにどうしたらよいのかということを一緒に考えていただくようすがになれば、これ以上の喜びはありません。

# 1　教育現場で起きていること

## ゆとり教育の否定、学校行事の軽視

今、公教育に何が起きているのか。いつから教育現場がこれほど劣化したのか。「はじめに」で私は一〇年余り前からと言いました。決定的な曲がり角は、第一次安倍内閣の教育基本法改悪であり、教育政策としては、「ゆとり教育」がさんざん批判され、「点数学力まっしぐら」に方向転換してからです。この流れは「全国学力テスト」が始まって「ゆとり教育」が蝕まれていき、数年後「ゆとり教育」が完全に停止してから一気に加速したと言えます。しかし、「そうか、ゆとり教育から点数学力まっしぐらの転換が悪かったのか。ではゆとり教育に戻せばいいじゃないか」という単純な話ではありません。

もう一つ、公教育で重大な変化があります。一〇年ほど前まで、小学校の運動会は午後まで競技があって、子どもも地域の人も保護者も地域のビッグイベントとして盛り上がっていました。それが今や午前中だけの開催となり、競技の合間のお昼の時間はありません。こうした学校行事の規模の縮小ないし行事の中止は、運動会だけではなく、遠足や「〇〇小まつり」といった行事も縮小ないし中止になっています。そうした行事は、単なる「お楽しみ」ではない、子どもたち自身が創る「自治的諸活動」の意味合いもありました。かつての小学校には楽しい行事がたくさんあり、朝休みも昼休みも放課後もたくさん遊べて楽しかったのです。

しかし、今や半数近くの教員がそうした時代を知らない若い教員であり、「昔はよかったと言う年寄りには付き合いきれない」と思われるのがオチですからここではこれ以上言いません。ここで指摘しておきたいのは、教育委員会による長年の「授業時数」の増加の指導や「学力向上」の施策によってゆとり教育が否定され、学校行事も熱心に行われなくなった、ということです。そしてそれらは簡単には復活しません。

運動会についてさらにもうひとつ言っておきましょう。学校行事であり、地域のビッグイベントでもある運動会を、「午前中に行う」ことの理由付けの一つを、教育行政は「保護者がお弁当を用意するのが大変だから」ということにしました。そんなことを言っている保護者など私は聞いたことがないし、それほど保護者の負担を気にしているはずの教育行政が、保護者や地域の人に「教室清掃のボランテイア」をお願いしているのです。ダブルスタンダードもいいところです。実は彼らは保護者の負担など露ほども考えていません。学校教育の政策に、「保護者や地域のため」という言葉を利用しているだけなのです。

## 「教材研究」が戦後教育の本質

今、教育現場で起こっていることの本質的な問題は何か。

ここで示すことはだれもが「なるほど、ここが問題か！」と納得することにしぼります。

教育の場から奪われたもので、最も核心的なもの——それは教員一人ひとりが教科書批判をし、その問題点を洗い出し、子どもが興味深く理解できるように授業を作る、良質な教材を探してきて授業に使ってみる、子どもが理解できなかったら、次の時間は違う方法で授業に取り組んでみる……といった、いわば、教員から創意工夫の自由が奪われたこと――そこが核心です。

あまり、一般には知られていませんが、たとえ文科省の検定を通った本であっても、教科書にはさまざまな問題があります。不足している部分があったり、抜けている視点があったり……。そうした不備を補ってきたのは教員の「教材研究」でした。それこそが戦後の教育を支えてきた教育の本質と言えるでしょう。

かつては教育委員会の指導主事でさえ、こう言っていました。

「教科書を教えるのではない。教科書で教えるのだ」

もちろん、当時の教員たちは、単に教科書を教えるのではなく、教科書を批判し、子どもたちに理解できるように、自分で授業を組み立てるということを、当たり前に考えていました。

そうした教材研究が行われなくなりました。いや、行ってはいけないことになりました。では、その代わりに今、何が行われているのか。それは教科書の書いていることを一ミリもずれないで教える、ということです。教科書会社が示した各単元の授業時数を寸分違わず行うこと。これが今、授業で「お上」(教育委員会)から求められていることなのです。現場の教員はお上から示された「規定」を一〇〇パーセント完全に実施する。授業の内容がわからない子どもがいても、授業時数を変えたり立ち止まったりすることは難しいです。子どもたちに市販テストをさせて、その結果をパソコンに入れて、学期末に評価するだけ。子どものわからないところを見つけてもう一度教えるということなどは、しません。お上が決めたことだからと、わからない子どもを置いてきぼりにして次に進みます。

## 全国学力テストの弊害

悪名高い「全国学力テスト」についても触れておきましょう。全国学力テストというのは、全国の小中学生が一斉に行う同一の内容のテストのことで、都道府県ごと、市町村ごと、学校ごとに平均点が出ます。その平均点から都道府県ごとの順位がつくのです。全国平均以下の都道府県では檄が飛びます。平均点を上げろと。子どもたちが「学び」を理解したかどうかではなく、順位を上げることが何よりも重視されるので、誰かが止めない限り、この競争は永遠に続きます。

この全国学力テストについての子どもに向けたアンケートなどから、たとえば「家庭学習をする時間が長い子どもは学力が高い」「授業の最後に振り返りをしている学級は学力が高い」という、結論ありきの傾向を文科省が導き出し、全国の教育委員会に伝えます。「学力」テストの結果が悪かった都道府県・市町村の教育委員会は「配下」の学校に、「これから、どう取り組むのか」という厳しい「指導」を行います。指導を受けた管理職（校長）は、文科省の示した「傾向」に沿った答えをせざるを得ません。「全校で家庭学習や宿題に取り組み、学力を上げます」と。

その流れで「〈学年×一〇分＋一〇分〉の家庭学習をしろ」という教育委員会からの化け物のような数字（脅迫）が独り歩きし、子どもたちに襲い掛かります。

これが全国の小学校で「宿題・家庭学習の嵐」を引き起こした根本原因です。そのため、授業内容がまったくわからない子どもにも家庭学習を強要します。ずっと不登校で久々に学校に来た子どもの保護者にさえ、その日のうちに「家庭学習を行うのはきまりですから、させてください！」と言う始末です。何が何でも家庭学習で、本末転倒の極みです。家庭学習が自己目的化しているのです。

そもそも、授業内容がわからない子どもや不登校の子どもは授業時間内に学びを理解できなかったり、授業自体を受けていないのですから、その子にどれだけ家庭学習をさせても無駄というものです。

それどころか、学校で起きている公教育の矛盾を、家庭にまで押し付けているとさえ言えます。子どもにはもはやどこにも逃げ場がない状態に追い込まれているのです。

本質からはずれるので小さな声で言いますが、私は三八年間の教員生活のうちの三〇年以上は、ほとんど宿題を出していません。それでまったく問題はありませんでした。ただ、定年前の数年は、「学力を上げるために宿題を出せ」という取り組みが全校体制で行われるようになり、私も全校の一員なので従いました。

ですが教育の基本は変わりません。授業内容がわからない子どもの学力向上のために教員が行うことはただ一つです。子どものわからない部分を見つけ、それをどう教えるか工夫すること以外に、どんな方法があるというのでしょうか。それこそが教員の仕事です。

しかし、今や教員は「お上」が決めた路線を完璧に順守するように躾けられています。創意工夫したり、教科書以上の力量を持った教員の存在自体が「悪いこと」のように見られる時代なのです。

これこそが日本の教育の断末魔のうめき、本質的な原因なのです。

## 2　何が何でもデジタル化

今、アナログからデジタル化への凄まじい流れが学校にも渦巻いています。コロナ禍という外的要因もあって、この流れがここ数年のうちに急加速しました。テレビを付けるとコメンテーターが「デジタル化が効率的ですよ」と言い、問題点を指摘されても「デジタル化は避けて通れない」と抗弁されます。私を含めたデジタル化に順応できない年寄りは、社会の片隅で生きるしかありません。デジタル化に逆らう言説はもはや許されないような状況です。

マスコミもデジタル化を進めている学校が何か素晴らしい学校かのように大々的に取り上げます。けれども、私はテレビや新聞で「デジタル化万歳」の報道を見るたびに、「この人たち、本当に大丈夫か」と思います。批判精神のかけらもなく、ただただ、時代の流れに迎合しているように思えてならないのです。

国の教育行政は、まさに時代に迎合しています。「何が何でもデジタル化」を進める。どんな問題があってもひたすら「デジタル化」に突き進む。

## デジタル化に対応する教員の苦しみ

教育行政のデジタル化の推進によって教育現場の教員たちがどれほど苦しい思いをしているか。デジタル化の問題は、私は「超」がつくほどのアナログ人間だから、「自分の言うべきことではない」と思っていましたが、まわりの教員（若い教員も含め）もやはりデジタル化に苦しんでいるのを見て、私のような「デジタルおちこぼれ」の問題ではないとわかりました。

デジタル化を強行するときの教育委員会、そしてその意を受けた管理職の言い分は、決まっています。

「先生たちの仕事を軽減するための効率化です」

本当は、デジタル化を進めるという国策がまずあって、「教員のため」というのは後付けです。「効率化」という言葉をいいように使っているだけなのです。

デジタル化以前の十数年前と、デジタル化を強制されている今とでは、どちらの方が子どもに向き合えているでしょうか。そんなこと言うまでもありません。教育の疲弊の原因をすべてデジタル化のせいにするのは乱暴ですが、少なくとも「何でもデジタル化」が教育の疲弊に拍車をかけていると言うことはできます。

## デジタル化を押しつける指導主事とは

デジタル化を直接、教育現場に押し付けているのは教育委員会の指導主事たちです。彼らは、現場教員が「日の丸・君が代」強制に疑問を持てば、凄まじい圧力をかけるし、「道徳の教科化」による価値観の強制に疑問を持てば、「道徳をしろ」と授業をさせに来るし、「急激なデジタル化」に疑問を持てば、「タブレットを使った授業を見せろ」とやって来ます。そして、校長室に行き、管理職や研究の係の教員を呼び寄せ、「ああしろ、こうしろ」と言って、帰っていきます。教育現場で「これ、子どものためにならないんじゃないか」と躊躇しているときに、まるでタイミングを合わせたかのようにやって来て、「デジタル」を「強制」していきます。学校教育の問題が拡散する大本はここにあります。

指導主事の一人ひとりを見れば、いい人もそうでない人もいるのでしょうが、教育現場の目に映る指導主事は嫌なことを押し付ける「お偉い方」としか言いようがありません。指導主事こそは、御自身の将来の「出世」と引き換えに、徹底した上下関係に生きる、教育界のもっともブラックボックスと言えます。

## デジタル化と教育は併存できるか

「何が何でもデジタル化」という強制が、いかに教員の力量（感性・教育観・教育技術）を貶めていることか。学制の発布以来、戦後の民主教育以来、日本が培ってきた教育の積み重ねがデジタル化によって破壊されています。

そもそも、今多くの子どもたちがすでにゲームというデジタルに染まって小学校に入ってきます。この十数年のうちに教室にいられなくて、授業中に外に飛び出す子どもが増えました。原因は何よりも画一的な学校教育にあり、ときには家庭にもあるのでしょうが、その重要な一因にゲームに浸かった生活——生活体験の希薄さ——があるように思えます。

学校教育では、ここを一度、否定しなければなりません。

デジタル以外の世界を、たくさん体験させなければなりません。たとえば鬼ごっこやリレーをして走る。鉛筆で紙に文字を書く。ハサミ・糊を使って工作する。クレヨンや色鉛筆でお絵描きをする。みんなで歌を歌う。絵本の読み聞かせや紙芝居を見て想像を膨らませる……。そういうアナログ体験をたくさんして、手足を使わせ、頭を使わせる。子どもたちが全身から発する「成長したい」というエネルギーを促して、教育を行う——それが本来の教育ではありませんか。

ところが教育行政の指導ではそうはならない。こういった、日本の教育が培ってきた伝統や技をぶち壊し、学校に入ると同時にタブレット。言葉で言えばすぐに子どもたちが理解できることでもわざわざ時間を割いてタブレットを使わせる。子どもが学びを理解しようがしまいが関係ない。ただただ、タブレットを使え——というのが教育委員会のお達しです。

私は、デジタルを何もかも否定しているのではありません。

タブレットも、たくさんある教具の一つに過ぎません。教員が授業の創意・工夫をするときの道具の一つでしかないということです。

どういう場合にタブレットを使うのか、どの年齢からどのように使うと教具として有効なのか。また、タブレットのどういうところが子どもに害をなすのか。新しいことを進めるときにはそういう慎重さが必要なのは当たり前のことではないかと思います。

# 3　かけ算「九九」が言えない小学生の続出

ところで、本書をお読みの方にここで質問です。かけ算「九九」はいつ覚えましたか？

かけ算「九九」の学習は、現在、小学二年生の後半に行います。この学習は、「かけ算の意味をどのように理解させるか」ということと、「九九を完全に暗記させる」ことから成り立っています。

ここで言いたいことは、後者「九九を完全に暗記させる」についてです。

## 「九九」の暗記は日本の常識

かつて、日本中の教員たちには、かけ算「九九」に対する常識のようなものがありました。かけ算「九九」を完全に暗記させてから三年生に進級させるという「常識」です。

あまりにもその「常識」に傾いた指導が行われたために「かけ算の意味をどのように理解させるか」について、もっときちんと子どもたちに教えなければならないということが言われた時期がありました。

「(一つ当たりの量)×(いくつ分)」

というかけ算の形をもっとしっかりと教えようということです。

「何でも暗記させる」ということにはたしかに弊害もあります。たとえば、知識の量で学力を測ることで、偏差値「学力」というものが偏重されるようになりました。偏差値「学力」の問題は深刻な日本の教育問題です。だから「かけ算とは何なのか」という本質を学ぶことはとても大切です。

しかし一方で、平仮名を書けるとか、アルファベットを書けるとか、「九九」を覚えるということもまた、とても大事なことです。「わからないから、いいや」ではすまされません。

「九九」がわからなければ、その後の学習——二けた・三けた・小数・分数のかけ算やわり算、異分母のたし算・引き算、中学数学の文字式の計算がわからなくなり、学習だけでなく日常生活にも支障を来たすことになります。社会に出た人ならば、みなそのことがわかっています。だから「九九」を完全に暗記することは日本の常識でした。

「特別に力量の高い教員だから」とかではなく、二年生の担任ならば、かけ算「九九」を暗記させるのは、当たり前の、当たり前のことでした。

## 覚えたかどうかのチェック

「九九」を暗記したかどうかは、教員が一人ひとりチェックしていましたが、それ以外でもきちんと言えるかどうかの確認方法がいくつもありました。クラスの四〜六人の班で、お互いに「九九」を唱えさせ聞き合う。職員室の教員に頼み、休み時間に子どもたちの「九九」の暗記を聞いてもらう。保護者会でも協力をお願いし、家庭でも「九九」の暗記を聞いてもらうなど、多くの教員が子どもたちの「九九」の暗記にエネルギーを注ぎました。

それでは、子どもたちに来る日も来る日も大量の宿題を出し、保護者にも毎日見てもらい、「学力」を上げようという今のやり方と同じではないかと思われる方もいるかもしれませんが、そんなことはありません。

と言うのは、子ども同士での学び、職員室の教員や保護者のお手伝いは、あくまでも手段の一つであって、最終確認は担任教員の仕事だということです。そして、他の学びではそこまでは求めていません。小学校六年間で、ここまでするのはかけ算「九九」のときだけです。それほどかけ算「九九」は重要だということなのです。

## 「九九」の暗記という「常識」の崩壊

この「常識」が今、崩壊しています。

かけ算「九九」が言えないまま進級する子どもが増えているのです。教員が、誰がどの段の「九九」を覚えていないか、きちんとチェックすることなく、覚えていない段があったとしても放ったらかしにしたまま、子どもを進級させているのです。

それは、「かけ算の意味の理解こそ大事」という高尚な理由からではありません。そういう知性自体が今の日本の教育からはとっくに追放されています。

要は、教育界の上で決めたことに沿って、たいした意味がなくても、宿題や家庭学習は大量に出すけれど、かけ算「九九」を暗記したかどうかの点検は、お上から言われていないので、しない、ということです。

長い間の日本の常識がなぜこうも簡単に崩れてしまったのか。

教育行政の指導通りに教科書の順番で教え、子どもたちがわかってもわからなくても、時数通りに次のページに進み、教科書会社の決めた授業時数にピッタリ合わせて教えるからです。ついていけない子どもがいても関係ありません。

そうした教え方であれば、何も教員でなくても、おそらく誰でも教えられるに違いありません。かけ算「九九」の暗記についても、「お上の決めたとおりに教える」という形が徹底されていて、こんな状況になっているのです

## 教育者の魂はどこへ

五〇代の教員が「もう、こんな仕事やめたい」と言っていました。それはそうでしょう。教員が学びのできない子ども、わからない子どもに対応し、その子どもが「できた！」「わかった！」という瞬間を共有する、これこそが教育の醍醐味ですから。その醍醐味を知っているのに、教科書の機械と化して決められたとおりに教えるだけ。たとえ「九九」ができなくても放っておく。これはもはや教育ではありません。

子どもがわかってもわからなくても、教科書通りに進めばいいと思っている教員は、皮肉を込めて言いますと、「幸せ」です。よりよい教材について考えることもしなくていい。それが当たり前だと思っているのですから。教育行政に携わる「お上」は教員自ら考えることをこれっぽちも求めていない。学習規律も全校で同一のものを決めて現場に下ろしてくれる。ノートの取り方、板書の仕方、教室の掲示の仕方、掃除の仕方、給食の配膳……。全部マニュアルを作って、教員はその通りにやればいい。教員の誰がいつ、どこの学級を担任しても、すぐにそのクラスを受け持てる素晴らしいシステム……。

はっきり言ってそんなものは教育ではありません。マニュアルに沿った学級づくりなど、教員の本分を忘

れた情けない発想、いや教育者の魂を売った発想だと言えます。

しかし、このような教育システム・考え方が、教育委員会・管理職を通じて「下される」今の教育現場の流れなのです。「誰がいつ、どこの学級を担任しても……」という、「金太郎飴教育」が普及しているのです。教育の貧困、ここに極まれりと言うしかありません。

## 「九九」の暗記は本当に必要なのか？

ある知識層の方に本書の草稿を読んでもらい、かけ算「九九」の暗記について意見を聞いてみたところ、「かけ算『九九』の暗記は、本当に必要なのか」という疑問を呈しました。「欧米人にはかけ算『九九』はないが、それで生きていける。計算機を使えればいいではないか」と。

また、「インドでは、二位数×二位数のかけ算まで暗記するという。かけ算『九九』を覚えるというのは、世界水準ではない。日本の教育文化に過ぎないのではないか」と。

まさしく、その通りです。

しかしこの問題は、知識層の方よりも、私が日常接する子どもたちの保護者の方がその本質をよく理解してくれています。つまり、かけ算「九九」を暗記しなければ、その後に何が起こるかということを体験的にわかっているのです。

## 「九九」が言えないとどうなるのか

まず、三年生で学ぶわり算ができない。二位数×二位数の計算ができない。商が二位数以上になるわり算に苦しむ。最小公倍数・最大公約数・分母の数の異なるたし算・引き算の計算ができない。通分・約分でひっかかる。分数・少数のかけ算・わり算がわからない……。

ある「かけ算を習得していない」子どもに聞かれました。

「分母の異なる数のたし算・引き算って、生きていくのに使うの？」

私は「普段の生活では、あまり使わないよ。日本では小数の方が使うよ」と答えます。しかし、かけ算「九九」は中学数学に行くと、ますます常識とされ、文字式だ、方程式だと、日常的な学びに必要になります。

確かに、かけ算「九九」の暗記法は「日本の文化」だと思います。しかし、何と便利な暗記法を伝えてくれたのかと思います。その便利な暗記法の「九九」を覚えないまま上の学年に進むと、「算数がさっぱりわからない」という塗炭の苦しみが待っているのもまた確かなのです。

## 4「繰り上がりのあるたし算」「繰り下がりのある引き算」がわからない子ども

子どもたちが引っかかっている「学び」のいちばん最初になぜかけ算「九九」の話を持ってきたか、それは「繰り返し学ぶ」ことによって、誰でも「できる」ようになる学びであり、「できたか・できないか」が誰でも判別できる学びだからです。「平仮名を書く」「漢字を書く」「英単語を書く」と同じ形の学びで、その中でも、「平仮名を書ける」に準じる重要な学びだからです。そしてその学びには「デジタル化」も「タブレット」も無用だからです。

もちろん、学びには「できる」を踏まえて「わかる」という性質のものがあります。小学校一年生の「繰り上がりのあるたし算」と「繰り下がりのあるひき算」は一年生の学びの中でも落とせない学びで、これは「わかった」という状況まで持っていかなければなりません。一年生の学びは、平仮名やカタカナ、漢字など、「できる」という学びが多いのですが、これは「わかった」という学びなのです。

このとき、「わかる」ことが大事なのであって、タブレットを使えることが大事なのではありません。

## 「繰り上がりのあるたし算」「繰り下がりのある引き算」とは

繰り上がりのあるたし算とは、「3＋5」とか「6＋2」ではなく、「7＋8」というように、

「(一位数)＋(一位数)＝(二位数)」

になるたし算です。

繰り下がりのあるひき算とは、「9－3」とか「13－2」とかではなく、「13－5」のようなひき算のことを言います。

ところが、「コロポックル学びの家」に通ってくる子どもの中に、ここで引っかかっていて、「算数、苦手！」となる子どもがいるのです。

1年生の学びは、大部分が宿題なんかいらない。「楽しかった！」「おもしろかった！」「ワクワクした！」という学びのものばかりでいいのです。平仮名もカタカナも、何度も文を書いているうちに、いつの間にか、自在に文として書けるようになる。しかし、繰り上がりのあるたし算、繰り下がりのあるひき算は、そうではない、このときに、きちんと理解させせなければ、いつまでも「わからない」学びなのです。

## ますます算数がわからなくなる悪循環

どうして、そういう子どもが何人も出てくるのか。

その原因はかけ算「九九」と同じです。相も変わらず、教科書の順に教えて、教科書会社の示した授業時

数で終える。そして、市販のドリルを買わせて毎日の宿題とし（ドリルの巻末に答えがあるので、それを丸写ししておしまいの子どものなんと多いことか）、教員も市販テストによって、評価の点数をパソコンに入れて、学期末の通知表にその結果をパソコン打ちにしておしまい。

一年生で学ぶ、繰り上がりのあるたし算、繰り下がりのあるひき算がわからないまま高学年になっているのに、それでも毎日「宿題をやってきたか」と点検され、ますます、算数は訳がわからないし、嫌いになるという悪循環を繰り返しているのです。

ここには、子どもが「わかったか」「わからないか」「どこで引っかかっているか」という視点がどこにもありません。

「繰り上がりのあるたし算」と「繰り下がりのあるひき算」の理解は、この後ずっと学び続ける大きな数、小数、分数のたし算・引き算、かけ算・わり算のすべての基礎になります。この基礎がなくて、これらの計算はできません。

だから、当然、教科書が決めた順、「お上」の決めた授業時数に関係なく、子どもたちがわかるまで教えなければならない、小学校一年生の学びの肝です。そして、そのこともかつては小学校教員の「常識」でした。

しかし、今やそれが常識ではなくなった。教科書を離れて教えることは「悪いこと」のようになった。教員が子どもの理解に合わせて、自作プリントを作って教えることも「悪いこと」になってしまったのです。

さらに、クラスの子ども全員がわかったかどうか、どのように確かめればよいのか。クラスに三〇人も四〇人もいたら確かめようがないではないか。これが今の常識になってしまっています。

教育委員会から要求されることは、「タブレットを何時間使ったか」という国の教育政策（教育のデジタル化）の徹底のみです。そういうアンケートが教育現場に来て、さらに現場を忙しくしています。しかし、タブレットを使用しようと、アナログであろうと関係ない。子どもたちに繰り上がりのあるたし算、繰り下がりのあるひき算を理解できるように教え、教員の目で見て、全員が「わかったか」を確かめることこそが大事なことです。

## クラス全員がわかったかどうか確かめる技

さらに、声を大にして言いますが、かつては、学級に三〇人いても四〇人いても、子どもの理解を確かめられる技は、先輩教員から後輩教員へ普通に引き継がれていました。それは正装して行かされる教育委員会主催の講習会で習うようなものではなく、放課後の教室で先輩教員に聞いたり、学校帰りの喫茶店や飲み会の場で聞いたりして覚えたものでした。

たとえば、「6＋7」の形の計算で、誰がわかったか誰がわからなかったかを知りたいとすると、その授業の最後に、その形の問題を一問だけ出して、ノートにその問題と答えを書かせるというやり方があります。教員は子どもたちのノートを見に、それぞれの座席を回り（机間巡視）ます。三～四分もあれば、そのやり方で全員の理解度がわかります。小さなミスならば、その場で教えてもいい。そうでないならば、次の算数の時間に、子どもの引っ掛かりから教えてもいい。そのようにすれば、その単元が終わるときには、その単元の内容が全員わかるようにできるのです。

さらに、テストは自分の教え方のどこがうまく行って、どこがうまく行かなかったかを判断する資料です。うまく行ってなかったら、もう一度その部分を教えてわかるようにしなければなりません。これはデジタルでやることではない、教員の仕事そのものです。常識と言っていいと思います。

その上で、もう一つランクを上げて教員のやるべきことをお話します。

それは、教科書の内容・順を「正しいもの」とは思わないことです。教科書の順で教えると内容に欠けているところがあって、わからなくなる子どもがいる、だからそれを教員が補ったり、教える順番を変えなければなりません。教員には教科書を批判する力が必要なのです。

### 教科書以上の教え方――遠山啓《ひらく》の「水道方式」

さらに、算数には教科書を越える教え方があるのではないか、ということにも思いを馳せてみることが大切です。

先ほどの繰り上がりのあるたし算には右のような教え方があります。

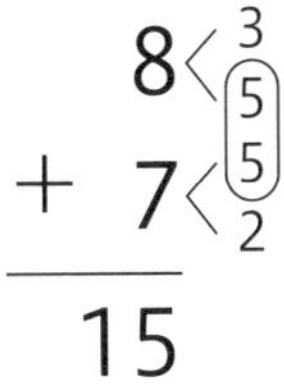

これは遠山啓という学者が一九六〇年代に提示した授業法で、算数の教え方全般に渡っての教え方を示しました。これを「水道方式」と言っています。
「8＋7」の場合は、「8を5と3」、「7を5と2」に分解し、「5と5をたして10」、「3と2をたして5」、「合わせて15」と導くのです。

ほとんどの子どもが「わかる」この教え方、当時の教育の「お偉い方たち」は恐怖を感じました。お国が検定した教科書が必要なくなるのではないかという恐怖です。彼らには「子どもがみんなわかること」よりも、「上から決めた通りに教える」ことが大事なのです。

そこで、一年生のときに水道方式で学び、二年生では教科書で学んだら、系統的に問題がある……とかいう屁理屈を付けて、水道方式をさせないための圧力を加えました。

教科書のように、タイル図も、数直線も、暗算もごっちゃに使って、あんなにわかりにくく教えても、教員は不思議に思わないで、教えているのです。二年生になって、教科書のわかりにくい方法で教えたかったら、そうすればいいだけの話です。

結果、一年生のときには「わかった」が、二年生になったら「わからない子どもが増えた」という事実が起こるだけです。

ただ、今、水道方式で教えるなど、若い先生たちにはなかなかできないでしょう。水道方式の優れた理論、ほとんどの子どもが「わかった！」となる切れ味、しかし、それを学びたいという雰囲気や熱気は、教育現場からはほとんど聞こえなくなりました。一年間に何度も監視に来る（「学校訪問」）教育委員会の方々は、決して「子どもにわかる教育法」など望んでいません。教科書通りに教えているか、教育委員会が校長室に管理職や教務「主任」、研究担当者を呼び出し、上意下達の方法を守っているのかをチェックするだけです。

## 自称インテリの保護者が教育の崩壊に加担する

「教科書より有効な教え方をする」ということに対して、自称「インテリ」の保護者が、教育委員会などに訴え、やめさせるという事例があります。彼らこそご自身の思いとは別に、知性や教養からかけ離れた方々です。教育委員会のホームページをいつも見て、それを信じることが「教育熱心だ」と勘違いしているのです。そして、実は、こうした方々が、日本の教育の崩壊に協力しているとも言えます。日本の教育の崩壊を推し進めている「中心」校、地域の「研究指定」校（多くの教員は行きたくない）が、「学力」が高い学校と信じ、越境させてまで、そこに通わせる自称「インテリ」層までいます。

ここには、不登校・保健室登校、教育相談を受ける子どもが多数いて、公教育の矛盾がもっとも渦巻いていることを知っているのでしょうか。本来、不登校・保健室登校・教育相談を受ける子どもが多数いる学校とは、「その教育に問題がある」ということの証明なのに、校長・教頭に取っては、「出世のトップにいる」ような感覚を持って、その教育を進め、定年後、栄光ある天下りが保証されます。

## 一年生のときに学んでいたら

さて、「コロポックル学びの家」で、繰り上がりのあるたし算に苦しんでいた高学年の子どもに、水道方式で三〇分ほど教えたらたちまち理解しました。そのときの子どもの言葉は「一年生のときに、こうやって学んだら、算数が嫌いにならなかったのに……」というものでした。

## 5　おもしろくない学びの極致――三・四年生の社会科

### 「街たんけん」という学び

小学校三・四年生の社会科は、地域から社会の仕組みを見つける学びです。

「街たんけん」をし、街の産業を学び、街の公共の仕事を学び、街の歴史を学ぶ、それらの題材は何もかも、自分の過ごす地域の中にあります。地域に行く、地域から聞き取る、地域について考える……、それが三・四年生の社会科なのです。その学びの方法は、

①地域の概要を知る（事前学習）
②フィールドワーク
③自分（自分たち）でまとめる

をひたすら繰り返すことで成り立ち、教科書とか市販ドリルとか市販テストとかは、いっさい必要ない学びです。

わざわざ保護者からお金を集めて、市販テストを買わせる。その市販テスト（教員も子どもも、教科書に載っ

ている行ったことも見たこともない、どこか遠くの街のことを問うテスト）を、子どもにさせる。教員はその○付けをしては、「忙しい、忙しい」と言っている。はっきり言えば、保護者のお金と、意味のない子どもの学びと、教員の時間の無駄です。

本当は、①は教員の腕の見せどころで、子どもたちが「エー！　どうなっているの」「現地にいって、調べてみたい」と思わせるところです。そのためには教員自身が自分の街について知らなければなりません。教員自身が、街を歩き、街を調べ、街の教材を創らなければなりません。教員が街の史跡や工場、博物館、図書館に行って調べることを、「趣味でやっている」ようにとらえる管理職がいますが、冗談ではありません。これこそが研修であり、新たな自主教材を創るための基礎作業であり、社会科教育のおもしろい部分の核心です。さらに言えば、仲間の教員と街をめぐり、教材を作る（共同研究）という横のつながりができれば申し分ないのですが、今の時代ではないものねだりかもしれません。

地域に出歩き、「教材をつくる」ことは、教員自身が「学び」の楽しさを知る場面なのです。しかし、正装して「お偉い方のお話を承る」ことを研修だと思っている方々には、これが「遊び」にしか見えません。

## 地域学習も教科書で

そして今や、地域学習の何もかも教科書で行うようになりました。消防署も上下水道もゴミ処理場も市役所も街の歴史も、教科書に載っているどこか遠くの街の記述を読みます。せいぜい社会見学で、年に一回、まとめてバスに乗って見学場所をまとめるくらいです。テストは先述したように教科書に準拠した、どこか遠くの街の話を問われます。そして、それをもとに教育委員会の押しつけてくる通知表の評価（「思考・判断・

表現」「主体的に学習に取り組む態度」など、わけのわからないもの）が示されるようになったのです。

こんな地域学習の学び、楽しいですか？　もっと調べたいと思いますか？　「なるほど、すごい！」と思いますか？

教室の椅子に座らせ、興味も関心もない、どこか遠くの街の話を読む……。それをわざわざ買わせた市販テストでわけのわからない見方（「観点別」評価と言っている）で点数評価する。子どもたちが教室から抜け出したくなっても、全然おかしくはない。

皮肉を込めていいます！　よくも、こんな暇な授業に耐えているものだと、子どもたちの忍耐力を褒めるべきでしょう。

そして、深刻なのは、今や、ほとんどの教員が、こんなつまらない授業が当たり前だと思っていることです。「街の歴史のフィールドワークをしないか」「博物館の○○展を見に行かないか」と言っても、多くの若い教員は集まりません。彼らには無駄な遊びにしか見えないのでしょうか。

「教科書通りにやらない」ことは、とんでもない違反をすることだと思っているのでしょうか。「社会科とは何か」とか、「子どもに何を教えるべきか」などは、考える場もなく、他の教員と話し合ったこともないのでしょう。

三・四年生社会科の最大の愚は、四七都道府県をひたすら暗記させ、完璧に漢字で書かせることです。三・四年生の社会科は自分の街のことを学ばせることなのに、いきなり何の脈絡もない四七都道府県を書かせる、覚えさせる。子どもにとっては大変な苦行です。社会科嫌いを大量に作っているようなものです。

# 6　おもしろくない学びは理科も同じ

## 本来の理科はワクワクするもの

社会科と似た状況は理科にもあります。
理科は、大きく分けて、
①物理
②化学
③地学
④生物
があるのはご存じだと思います。
①と②は実験が生命です。「どうなるのだろう」「どうして、そうなるのだろう」と、実験結果を予測しながら、実験を行う。このアナログだが、ワクワク感。
ただし、今は実験をしないで、ひたすら、教科書の順に教えていく、タブレットで教える、せいぜい、映像

を見せるだけという授業が広がっています。これでは理科はまったく楽しくないです。

物理と化学の醍醐味は、地球のどこで実験しても、誰が実験しても、結論はおなじだということです。

## 地域ごとの違いを無視する地学と生物

ところが、生物と地学は題材が地域ごとで違うのです。

私の住む北海道には、三年生の理科に載っているワタ（植物）、四年生の理科に載っているオオカマキリ（昆虫）は存在しません。しかし、現在強制されている教育では、教科書の順に、教科書の内容、教科書会社が示した授業時数で、授業を行い、ワタやオオカマキリの成長を問う市販テストを使うことになります。

さらに、三年生の理科の教科書の順では、一一月ころに、日光と虫眼鏡の授業、四年生の理科の教科書では二月ころに「冬の星」の学習が入っています。一一月は、もはや日光が弱くて、日光と虫眼鏡の実験は無理で、二月の北海道日本海岸側は毎日、吹雪が続き、星の観察はできません。

これらは、本来、地域の実態を知って、授業を組み立てなければなりません。しかし、今や、これらを教科書の内容で、教科書会社の示した時期に、教科書会社の示した時数で教えなければなりません。

この一〇年余りの教育政策によって、教員の力量や知性を高めるとか、授業の創意工夫をすることが、できない時代になったのです。そして、相も変わらず、教科書から一ミリも出ずに、教科書会社の時数で授業を行う教育を行うのですが、それは、学びから、「面白さ」「深さ」を投げ捨てたとしか、言いようがありません。

# 7　国語嫌いが増えている

## 良質な教材がない

子どもたちの国語嫌いが増えている原因、それは良質な教材が少なくなったということに尽きます。何をもって良質な教材と言うのか、それは主観ではないかという指摘は当たっていますが、ここでは多くの教員が「これは価値がある」「おもしろい」と言って、教材研究していった教材ということにしておきます。

一時期、「コロポックル学びの家」には、それぞれ、理由が違う子どもが、日本語（国語）を学びに来ました。中学で、ほとんど学校から放って置かれ、学び直しをする中学生、小学校のシステムに抵抗し、国語を十分に学んでいない高学年の子ども、六年生になってから外国から故郷に戻ってきたものの、日本語の読み書きが必要な子ども。

私は、自分の小学校時代の教材、自分が教員を行った三八年間の教材の中から、つまり、過去五〇年間の国語教材で「これは良質なもの」と思われるものを、学年ごとに集めていました。彼らの日本語のレベルに合わせてそれらの教材を使い、読解させていきました。

かつての優れた国語教材で、民間教育団体を中心に何を教えるかを議論し、教員たちの力量となってきた作品例を紹介しておきます（私のいた地域で長年使っていた教育出版の教科書の教材）。

一年生　『おおきなかぶ』『おじさんのかさ』『しっぽのはたらき』
二年生　『かわいそうなぞう』『かさこじぞう』
三年生　『夕づる』『お母さんの紙びな』『おにたのぼうし』
四年生　『一つの花』『花を見つける手がかり』『ごんぎつね』
五年生　『お母さんの木』『雪わたり』『みすゞさがしの旅』
　『大造じいさんとガン』
六年生　『田中正造』『人類よ　宇宙人になれ』『川とノリオ』

これらの作品が放つ日本語のパワーと主張。そこにどう切り込むかが「国語」（日本語）の授業であり、それを子どもがどう受け止め、どのように反応するかが授業者のワクワクするところです。

これらは今やほとんどが消え去りました。時代に合わなくなったのではなく、なくされたのです。

## かろうじて残った良質な教材も……

この中で、かろうじて残っている『一つの花』。しかし、平和教材として、かろうじて残った、この教材への想い入れが、教育現場に、あまりにもなくて、驚きました。数時間で、パッと片づけてしまいます。

やはり、かろうじて残っている『ごんぎつね』。この作品に宿る一語一語のきらめき、繊細さ……。そんなものも見ない。サーッとなぞっておしまいです。

音読カードにひたすら判を押し、ドリルをひたすらさせる。そんな学びでは、すぐれた作品も腐っていくだけです。

## 日本文化万歳の教材

全体の傾向として、平和教材の消失とともに、「日本の文化」万歳の作品が増え、小学三年生から、(発達年齢として、子どもにとって、わけのわからない)古典や和歌、漢文がたくさん出てきました。子どもにとって必要な教材から、国策に必要な教材になりました。

良質な教材から、国家主義・復古主義の教材へ。明らかに教材に「深さ」「おもしろさ」が失われました。この流れは、他にもあります。中学体育では、柔道・剣道・相撲・なぎなた・銃剣道から、一つ選択させます(もちろん、男女とも実施です)。国策で、国家主義・復古主義教育に、舵を切りました。多くの学校では、アジア・太平洋戦争の「戦時」教育に利用された銃剣道やなぎなた、防具にお金がかかる剣道は避け、ウーン、それならば相撲はどうか……といったような判断で、最終的には消去法で柔道が選ばれます。しかし、けがが心配されるので、実際は柔道の練習試合は行われず、評価は、「柔道着の畳みかた」という現実さえ、あります。武道教育は明らかな失敗です。

これは、「こういう発達の年齢になったから、こういう学びをしよう」などという、哲学などゼロ。学習指導要領で復古主義者や国家主義者の思い付きを教育現場に押し付け、後は「野となれ、山となれ」と丸投げされているに過ぎません。

こういう中、民間教育団体が優れた視点を示し、そこで教員たちが教育の本質を議論するという空間もほとんど途絶えました。

このような時代の流れもあって、国語の教科書では、おもしろくもない教材、ガラクタ教材を使って、教科書の決めた授業時数で、教育委員会の決めた授業スタイルで、授業を行うようになったのです。今の子どもたちが大人になったときに、「小学校時代に学んだ、あの作品はよかったな」というものがいくつあるのでしょうか。

国語は、国策で、教材自体を大幅に変えられたので、かえって国語(日本語)嫌いな子どもが増え、教員のささやかな工夫ではどうしようもないもの、大本を変えなければならないものになりました。

# 8　中学校に行く前に英語嫌いに

## 小学校で英語を教える愚策

小学校の学びに、外国語活動という名で、英語が入って久しいです。今や、小学校三・四年生で英語に慣れ、五・六年生で評価を伴う英語学習をさせるようになりました。日本語の基礎ができていない子どもたちに、英語を導入する本質的な問題は、ここでは触れません。国策で入れられ、問題があるにせよ、教育現場では「やらない」という選択肢がないからです。ただ、この一〇年余りの英語の導入と道徳の教科化という事態が、教育現場の忙しさと、子どもたちの生活を追い込むことに拍車をかけました。

小学校英語と、他の教科との違いは、後者が戦後教育の蓄積があって、何が本質か、話し合い、創り上げていったのに対し、前者は復古主義・国家主義教育と同様に、いきなり、国の教育政策を教育現場に押し付け、国の言うがままに授業をさせられているということです。しかも、小学校英語が現場に強制されたのは、教育基本法改悪後の二〇一〇年代のこと、教員の側に「本来、外国語教育はどうあるべきか」「どのように教えると、子どもたちがわかりよいか」と考え、議論し、創り上げていくパワーが急速に失われつつありました。

## もっと英語の文法を

私にはそもそも英会話できる力量もないし、英語教育全般を見ての問題点を指摘できるだけの視野もありません。

ただ、「コロポックル学びの家」には英語が大嫌いで学校で何を教えているか、さっぱり、わからないという子どもも来ます。

そこで、感じたことは、彼らに英語文法の知識が全くないということでした。英語は主語＋動詞＋目的語が基本だ、一般動詞のとき、be 動詞のときに、どういう形になるかという、根っ子のところをまったく知らないのです。

日本語は助詞の使い方で、語順を変えても意味は通じますが、英語は語順を勝手に変えることはできません。ここを押さえさせなくて、何が英語学習でしょうか。

学校の授業にＡＬＴを入れたり、英語専門の塾講師を入れて、英会話を重視しているのはわかりますが、そもそもの英語の形を、日本語を使ってわかるように教えることが悪いことのようにされています。

そして、英語の教員の中には、どうすれば子どもにわかるように教えることができるかというよりも、「お上」に忖度して、とにかく英検を受けさせ、級を取らせることに熱心な人さえいます。

## 英語以外禁止の授業は有効か

小学校英語の授業に派遣される英語専門の塾講師の中には、「英語の時間はいっさい日本語を使うな」と言い、空間と時間をすべて英語で占めようとする方々がいます。英語を知らない子どもに、日本語でわかるように説明するのが、なぜ悪いのかわかりませんし、少なくとも、基本の文法は日本語で説明するべきでしょう。

英語の時間に子どもがけんかし、担任が日本語で注意したら、英語専門の塾講師に叱られたという、笑えないお話まで伝わっています。

「そんな英語塾の講師に任せるな」とはなりません。私が退職する直前の二〇一八年、教育委員会は各中学校から一人ずつ英語研修に動員をかけましたが、そのときの手法が「研修の時間内はすべて英語で話せ」というものでした。「英語の時間は英語で話せ」はそもそも教育委員会の方針だったのです。

「英語の時間に、日本語を使わないのがベスト」という都市伝説は捨てるべきです。英語がよくわからないので、中学校に行く前に、英語嫌いになっています。私たちの母語は英語ではないのですから、日本語でわかりやすく理解させた上で、英会話できるようにする、当たり前と言えば当たり前の話です。

教員は「なぜ、子どもたちにわかるように英語を教えられないのか」ということに悩むべきで、そのための教材研究が必要です。

## ここでもなんでもかんでもタブレット

私の住む街では、全国学力テストによって、英語の点数が特に低いことがわかり、教育委員会は、聞き取り練習でタブレット端末を使う機会が低いことに目を付け、その活用を促すことにしました。「学力」テスト（点数「学力」）が子どもの本来の「学び」と、どれほど、つながっているかという、大本の議論はここではしません。

問題は「ダブレットを使え」という分析です。英語に限らず、何が何でも、結局、国策のデジタル教育と結びつける。子どもの学びに名を借りた、デジタル化・一直線。そして相も変わらずそれを学校に強制します。

小学一年生の長期休業中の宿題に、タブレットの画面に漢字を書かせるというものがありました。紙に書くのと違って、とても書きにくい。いくら書いても、上手に書けず、タブレットからの合格通知が出ない。ここのどこに、「学び」の楽しさがありますか！　「学び」嫌いとなる悪循環の繰り返しです。「書きやすいものに書く」――皮肉を込めて言えば、こちらの方がよほど「効率的」ではありませんか。

今までのアナログの教育ではそうではない。紙に書いた文字が前よりも、少しでも上手になったら、「すごいな」と言う。これが教育ではありませんか。

英語教育でも同質の問題が起きています。子どもが「わかった」「おもしろかった」ということなんてどうでもいいことにされています。何でもかんでも「デジタル化一直線」で、子どもたちの「学び」嫌いがますます増えていきます。

## 英語授業の組み立て方

英語の話に、話題を戻します。

「コロポックル学びの家」に来ている子どもたちの中には、英語自体に興味も関心もなくし、そもそも英語の形がまったくわからない子どもがいます。

英語を話す力も読む力もなく、現在の英語教育の実情もわからない私が語るのもどうかと思いますが、ここには大切な見方が欠落していることがわかります。

学びの王道から言うと、「英語ってこういう言葉なのか」と、日本語だけで生活している私たちが視野を広げること、「英語圏の人たちは、このように考えるのか」と文化の違いを学び、日本の文化だけで生活している私たちが視野を広げること、そして、そういう中でも、地球に生きる人間として、共通な想いや理想を考えること、英語で書ける、話せることで、そういうことを考えることができるのか、英語って何ておもしろいのか……と、そのように授業を組み立てること以外に何があるでしょうか。

そして、教科の本質に沿って、子どもの実態を見て、教員が授業を創っていく。それ以外にどんな方法があるでしょうか。

この問題を別の見方で見てみます。

## 教育行政のすべきこと

教育行政の行うべきことは、現場の教員が、教育の、教科の、個々の授業の、創意工夫ができるように保証し、支えること。それ以外のことはすべて雑務だとすること。そして余計な仕事を押し付けないこと。国策教育の問題を見抜き、その防波堤になること。このことしかないのです。

これが迷走する教育の復権であり、教育界がブラック労働・過剰労働の巣であり、教員をやめたいという多くの声、教員のなり手がいないという現状、増加する一方の子どもたちの不登校と自殺といじめを、まとめて解決できる本質と言えます。

しかし、「上意下達」を仕事だと思っている彼らに、それを求めることは、どだい無理なことです。

今、教育行政がやろうとしていることは、決して子どものためではない、国策のためのものであり、躍起になればなるほど、糸が複雑に絡み、教育のブラック化を激化させていくことばかりなのです。

子どもたちの不登校がなぜ増え続けるのか、それはまともな教育を受けてはいない、敢えて言えば、生きた教育ではない、「教育の残骸」を与えられ続けているからです。一方の教員は、授業づくりと学級づくりという教育のおもしろさを奪われ、戦前と違った意味で、自分の意志を持たず、国家のロボットとして、働かされているからです。それをマスコミが「いいこと」のように、後追いしています。

## 若者教員の傾向

すべてとは言いませんが、若者教員の多くは、教育委員会〜管理職から下ろされたら、多くの子どもたちにとってためにならない業務を行うことが当たり前だと思っています。それに抵抗したり、意見を言う気はなく、ベテラン教員が抵抗する姿には拒否感さえ持っています。そして、自分が業務に強い矛盾を感じたり、耐えきれなくなってきたら、それを変えようとはせずに、黙って教員を辞めていきます。そんな若者教員たちにこそ言いたい。教育現場は子どもが中心なのです。上から下ろされるおかしなことには「変だと言うこと」「あえてやらないこと」「手を抜き形骸化させること」「内容を変えて教えること」をおすすめします。そして、そんなことのために夜遅くまで学校にいないで家に帰って体を休めてほしいと思います。何よりも、子どもたちの苦しみを見てほしい。苦しんでいる子どもを見たら、何がおかしいのか見抜く眼力が必要です。その子どもたちを救えるのは現場の教員だけなのです。

## 9　学級づくり

### 「知性」「教養」を子どもは全身で受け止める

すべて教育は、自分らしい生き方（＝幸福）をするための土台固めです。土台固めを一つひとつ行っていくことは、本来、楽しいことです。その子どもたちの楽しみのために教員は教材づくりをします。

そして、日本の戦後教育は、優れた教材を見つけ、それを子どもたちが「おもしろい！」「できた！」「わかった！」「そんなことがあったのか！」「自分はこう考える」という想いを持つことで成り立ってきました。

つまり、教材のパワーを借りて、仲間で議論をし、ぶつかり合い、協力し合い、人格を認め合う学級集団を創っていきました。良質な教材こそが子どもたちの魂を揺さぶりました。

こうして子どもたちは「知性」「教養」を全身に受け止め、成長していくのです。

さらに言えば、教員がやりがいを持って、教育を行ってきたのは、そういう教材を自分が探し、授業実践し、子どもに接することができる（創意工夫）、子どもの達成したときの喜びの場にいることができる、そこではありませんか。

それは、教員が「真実」とか、「教育の醍醐味」を感じる時間・空間でした。

ところが、それに相反する現代の教育。結果としての深刻ないじめの増加。

そもそも、授業の創意工夫とともに、学級づくりも、日本の教育から追放されてしまいました。いつ、だれが担任しても、同じ学習規律・板書の書き方・ノートの書かせ方、給食の盛り付け、清掃の仕方……。そういう中では、学級づくりの個性など、いらなくなったのです。

そもそも、学級づくりをまともに行っていないのですから、いじめが起きても、不登校が起きても、対応ができません。学級崩壊が起きれば、何人もの教員や保護者が教室に入り、監視を強めることしかできません。

結果、「いじめをなくする」という文部科学省（国）の指令があるにもかかわらず、いじめはどんどん増加を続けます。いいかげん、いじめ増加の原因が、教育の画一化にあると気づいてほしいものです。

## いじめを乗り越える学級づくり

「いじめを乗り越える集団」とは、人格を認め合う集団を創るしかありません。そう言えば、みんな「当たり前ではないか」と言います。そして、人権教育とは、ジェンダーとか、先住民族とか、被差別部落とか、在日コリアンとか、性的少数者とか、そういう問題を思い浮かべます。

それは正論ですし、教員はそういう人権問題を絶えず学ばなければなりません。しかし、教室で日常的に起こる生身の人権教育は、皆から責められ、いじめられる子どもも、何日も服を替えない子どもも、授業を妨害し、トイレに立てこもる子どもも、授業中、寝ている子どもも含めて、こういった子どもたちを、どのように大切にしていくか。子どもがそこに生きていることを丸ごと受け止めること、ここからすべてが始まります。

責められ、いじめられる子どもこそがクラスの中心にいて、皆で真剣にこの問題を考えなければならないし、何日も服を替えられない子どもも、クラスの一員、その子どもの良さに比べたら、服装など、たいしたことではない。授業妨害をする子ども、寝ている子どもにこそ、それをひっくり返すほどの「学び」の面白さを伝えていかなければなりません。

## 自分たちが社会を創っていく

教員はスマートでは務まりません。悪戦苦闘のアナログの世界です。

そして、人権を学び、それを基盤にして「自分たちが社会を創っていく」という主権者教育を行うことで、学級集団が成立するものです。結果、高い次元の集団ができるのです。それは「いじめを跳ね除ける」集団になってもいきます。そして、その集団は、担任教員が汗水たらし、子どもと接し、子ども同士が関わり合い、初めて成立するものです。決して、全校で同じ学習規律・板書の書き方……では、何も解決できません。

## 不登校・いじめを増加させる教育内容

今、「不登校・いじめが増え続ける」とは、どういうことでしょうか。

それは、現在の教育の方向自体が、不登校・いじめを増加させる内容になっているということです。

今、教員が教育に魅力を感じなくなっているとは、どういうことでしょうか。

それは、授業づくり、学級づくりという教員の営み（創意工夫）＝戦後教育の形が消えうせ、教育を国策の歯車の一つにした結果、生じたことです。

これら・本質の問題に一切、手を付けずに、ただ「教育の表面に現れた矛盾に、ばんそうこうを貼ろう」というのが現在の教育政策と言えます。

## 教育政策を変えなくてはどうにもならない

現在の日本の教育の断末魔の原因は、教育政策にあります。

明治維新で学制が始まって以来の、過密な授業時間。

子どもには、日常を楽しむ時間など、ほとんどありません。

そして、全国「学力」テストの結果を踏まえ、家庭には宿題や家庭学習、教育現場には、さらに子どもを追い込む取り組みが求められる。わずかに残った余暇は、家でのゲームざんまい。

やればやるほど、子どもが苦しむように、日本の教育システムが無間地獄の世界に落ちているのです。

このシステムのどこが問題かは、「御用学者」ではない、「本物」の専門の教育学者にお任せし、その結果、どうするかは、二〇〇六年に全国「学力テスト」を進めて以来の教育政策を変えなければどうにもなりません。「学力テスト」「国家主義教育」「復古主義教育」「英語の導入に、道徳の評価」は、すべて政治が行わせたことなのですから。

ただ、私としては、そういう大きなスケールの問題ではなく、目の前で苦しんでいる子どもたちに、今、何をすることが大事かということに、こだわります。

それは、学級づくりを、「いつ・だれが担任しても、同じ学習規律、同じ板書、同じノート」ということをやめることです。定型の形づくりから入らないことです。それに合わなくて学級崩壊が多発し、子どもたちが不登校になって、夏休みあけには学校に行きたくないと言っているのです。

そして学級に合わない子どもを、次々と「判定」して、特別支援教室に入れていっているのです。今、特別支援教室に入る子どもは、凄まじい勢いで増加しています。

さらには、校長の勝手に思い描く定型に合わない教員を、子どもの前で怒鳴りちらす、個室に呼びつけ長時間威圧するなどのパワハラが行われています。そうした校長のことを教育委員会に訴えてもまったく取り合ってもらえません。

## 学習規律がない状態がいいのか

規格化、定型化、マニュアル化から学級をつくる。「○○小（○○中）スタンダート」に合わせ、学級をつくる。まったくの逆です。いちばん学級に入っていけない子ども、子どもたちの集団に入っていけない子ども、差別されている子ども、荒れている子ども、この子どもたちを見つけ、その子どもたちのよさを見つけ、学級全体に理解させていく。そういう子どもたちが大切にされる学級とは、結果として、不登校にまでは至らないが、無理に学級に合わせている多くの子ども、家庭学習や宿題・学習規律が「正しい」ことと信じている子どもたちも、「もっと、ゆったり過ごしていいんだよ」と、解放することができます。

学習規律がない状態がいいのか、自由にしたら、子どもたちの好き勝手になり、収集が付かなくなるのではないか……、そういう疑問が起こるでしょう。そのため、中には、礼、規律、礼、規律……と、子どもたちをがんじがらめにする学校をめざす人もいます。挨拶するときの角度は九〇度だとか、「おはようございます」と言ってから頭を下げろとか、まるで戦前の軍国教育です。

自由にしたら、学級で問題が起きます。そのときに、「いちばん学級に合わせられない子どもを大切にする集団を創る」という原点だけを押さえて、どうしたらよいか、みんなで話し合います。その結果、その学級だけの約束ごと（それは上から降ろされたものではなく、子どもたちが考えた切実なものです）ができます。ここが学級づくりの第一歩です。

そして、子どもたちが学びの面白さ、深さを体感したときに、学習規律や礼などに頼らなくとも、「もっと、学びたいな」と思うようになります。

その采配をしていくのが、教員の仕事ではありませんか。誰か、「偉い方」が決めた形を子どもに押し付けるのではない、教員が子どもたちと学級集団を創っていくことこそが、教育なのです。

# 10　小一ギャップ

## 上の学校に合わせる乱暴な手法

「いつ、だれが担任してもいいように、同じ形を押し付ける教育」は、それに合わない子どもを排除することで成り立っています。その結果、何が起きているのか。それをどうしようとしているのか。

小一ギャップ、中一ギャップというものがあるそうです。

小学校・中学校入学後、不登校が増えることが、大きく問題になっています。その対策は、小学校の手法を幼稚園や保育園に押し付ける、中学校の手法を小学校に押し付ける、つまり、それぞれの何が問題なのかを考察することなく、「上の学校に合わせろ」という乱暴な手法で対応しようとし、それがまかり通っているのです。

それどころか、幼稚園も保育園も、「文字を教えます」「鍵盤ハーモニカを教えます」「小学校英語を教えています」と、小学校教育の先取りを売りにする園もあります。

私は、「上の学校に合わせる」のではなく、そもそも、幼児教育では幼児教育の、小学校では小学校のやるべきことがある、と思います。しかし、今はやりの「幼小連携」「小中連携」は、連携など口先だけで、要は、上の年齢の学校の矛盾を下の年齢の教育機関に押し付けることで、成り立っています。

小学校に入学するとき、それまでいた幼稚園や保育園とのあまりの違いから、不登校になってしまう。中学校に入ったら、小学校の生活とのあまりの違いから、不登校になってしまう。どうしたら、よいのか。

学校教育の中で、目には見えないが、大切な部分——それはいろいろな経験をさせて創っていく、教員と子どもたちとの信頼関係、子どもと子どもとの信頼関係、もっと大きく言うと、人間関係。この一語に尽きます。その信頼関係、人間関係が目に見えないから切り捨てられ、「効率化」という名のもと、消されているのです。

## ゆっくり学んでいた時代

二〇一〇年ころまでの小学一年生は、入学後の一週間目は、一時間授業でした。そこでは靴箱の使い方、トイレの使い方、水飲み場の使い方、体育館や保健室、職員室の場所など、学校生活に必要不可欠なものを学びます。

そして、教員が付き添って家まで送る。やがて、自分の力で帰ることができるようになり、その上で、友だちとお話をしながら帰る楽しさなどを体験していきました。

二週間目は二時間授業。いきなり、文字の書き方は学びません。学校に入る前には自分の名前を読み書きできればいいという前提で、ここではまず「えんぴつの持ち方」「直線や曲線の書き方」「筆圧の具合い」などを、(当たり前ですが、タブレットではなく紙に)お絵描きを通して体感しました。

三週間目は、三時間授業。文字は一文字ずつ、ゆっくりゆっくり学ぶ。算数も、一個、一人、一匹、一冊を通して、一を理解させるなど、数の概念をゆっくりゆっくり学ぶ。あわてない、あわてない。上手に書けたり、集中して書けたら、さまざまなことに「すごいね」「よくできたね」と声をかけ、一人ひとりのプリントやノートを見て回ります。「学び」の基本は、教える側と学ぶ側の信頼関係にあり、「前よりもできるようになった」ということで、成長を自覚できます。

三時間授業になると、休み時間が登場します。

子ども同士が体育館やグランドで遊ぶ。教員もいっしょに遊ぶ。おにごっこ、かけっこ……。

小さな子どもにとって、初めての大きな体育館やグランドは怖い空間です。その怖さを「先生が付いてきてくれる」「六年生が遊んでくれる」という安心感があって「楽しさ」へと転換できるのです。

## 遊びながら考える

たとえば、かけっこ。

遊ぶこと、楽しむことには、ルールが必要です。その中で、足の速い子、遅い子がいる、転ぶ子がいる、泣く子がいる、しょうがいのある子もいる。遊びには、友だちを応援したり、いらいらしたりといった、人間関係の大切なものがつまっています。

「いじめをなくそう」と、日本中で大キャンペーンを繰り広げ、いじめを調査し、それをゼロにしようとしています。いじめの原因を覆い隠し、現象だけゼロに見せかける、国家規模の巨大なキャンペーンです。

ただ、いじめには何も定義がありません。人間関係のちょっとした行き違いから、深刻ないじめまで、いっしょくたにしています。そして、人間関係のちょっとした行き違いは「解決したか」「しないか」を報告させられ、命に関わる深刻ないじめは、学校も教育委員会も「いじめかどうかわかりません」と、往々にしてうやむやにします。いじめの定義がないので、言い逃れはいくらでも可能です。

いっしょに遊んだり、いっしょに学んでいるのです。さまざまなことが起きます。力関係の問題が起こる、差別する、見下す、いじめる、自慢する……、そういうさまざまなことが子ども同士で起きます。それをどう解決していくか考え、失敗しながらも経験を積んでいく――それが生きているということです。これらのことは、人間が生きている限り、一生、付きまといます。

そこを、教員が「〇〇さん、がんばったね」「すごいね、みんなで拍手しよう」「負けても、投げ出さないで、やり通したね」と声をかけ、昇華していくのです。

## 家庭訪問と給食

入学して四週間目。四時間授業。

一件一件、家庭訪問し、どんな家庭環境で育ったか、保護者の想いや、子どもの育ちを、生の声で聞く。そして、ゴールデンウィーク明けに、初めての給食。一時間かけて、手を洗い、配膳をし、盛り付けをし、食事をし、おかわりをし、後片付けを行う。この給食時間は、慣れとともに、だんだん短縮していきます。

## 出発点としての学級づくり

約一カ月かけて、小学校生活に慣れてきた子どもたち。その子どもたちとともにいろいろな行事や学びを通して仲間づくり、学級づくりを進めていきます。取りあえず、ここが出発点だということです。
しかし、二〇二〇年代の今。そんなすべてのことがぶち壊されました。

入学式の翌週から、いきなり給食が始まり、五時間授業。家庭訪問をなくして、保護者を順に学校に呼ぶ。「ゆっくり」「じっくり」の基盤づくりなんか、「効率化」のためには邪魔。「学力」を上げるため、すぐに宿題を出し、授業時間（時数）を確保します。

「学力」を上げるために「五分前行動」を強制され、休み時間が減らされたため、外で遊ぶ子どもはほとんどいない。グラウンドは草ぼうぼうです。

一言で言うと、がさつ、そのものです。学校に慣れない子どもなど、置いてきぼりです。

逆です。本来は、この一カ月で、学校に慣れない子どもとの、人間関係を創っていくのです。

いろいろな育ちの子どもがいて、それを受け止め、こどもたちとじっくり時間をかけ、学級の基盤を創るという大切なことが、どうでもいいことになっているのです。小一ギャップ、入学してすぐの不登校……。起こるべくして起こったとしか言いようがありません。教員が学級を創りながら、授業を創っていく——。

そういうことは、どうでもいいことになっているのです。

さらに今、余りすぎた授業時数を「少し減らせ」という「天の声」が下りてくるそうです。躍起になって子どもたちの楽しみを奪い、授業時数を増やしていった管理職たち。それまでの自分たちの行為をどう説明できるのでしょうか。

# 11　中一ギャップ

## 教員の腕の見せどころの学級づくり

学校教育でもっとも大切なこと。それは仲間づくり――他者と関わり、信頼関係をつくり、さまざまな問題を話し合って乗り越えて行くということですが、この一〇年余りのうちに、それがどうでもいいこと、無駄なことにされています。

学級づくりはどこで行われるか。それは明確です。日常の授業の中で、仲間を認め、互いの成長を認め、支え合うように組み立てていくのです。対立や揉めごとの話し合いは、仲間づくりの大切な材料でした。学級づくりが、教員の腕の見せ所でした。今、それが消滅しました。

特に高学年は、運動会、学芸会、児童会など、学校を支えるさまざまな取り組みの中心者として、それぞれの場面で納得のいくまでの話し合いが必要でした。その中で、やはり対立や揉めごとが起き、話し合い、調整し、乗り越えていったのです。

この高学年の貴重な時間・貴重な空間をぶち壊したもの――それは中一ギャップでした。

中学生の不登校が年々増えている。一クラスに何人も不登校がいる。どうしたらよいか。

そうだ！　小学校の高学年のうちに中学校の仕組みに慣れてもらえばいいではないか。

実は、これは中学校の教育問題を解決するものではなく、問題を小学校にまで拡散しようというものです。そして、これは中一ギャップという一時期の問題ではない、中学校そのもの、中学校教育全体の問題と言えます。

## 中学校の教育は変えられるか

学級に何人も不登校の子どもがいる、いじめがある。ならば中学校の教育を変えていくしかありません。

しかし、そうはならなかった。小学校高学年が、中学校の下請け機関と化しました。

中学校の校則を、小学校にも求める。中学校の求める家庭学習の方法を小学校にも求める。

そして、とうとう小学校高学年の五教科（国語・算数・社会科・理科・英語）は、中学校式の教科担当制にされてしまいました。毎時間毎時間、教科の先生が来る、さらには小中連携という名のもと、中学校の先生が教科を受け持ち、来る。時間講師もやってくる。

最近の、こうした学校内の仕組みを大きく変えるようなことは、その多くが職員会議できちんと話し合われたものではありません。やたら小委員会が増えて、職員会議は議論する場ではなく、小委員会で決まったことをお知らせする場になりました。誰の指令なのか、いつ、どこで決まったのかわからないものが「天の声」として下りてきて、皆、それに従っています。それどころか、ある日、急に教員のタブレットに決定したことだけが通知され、それで学校が動く、ということさえたびたびあるのです。

教科の授業は、高学年の教員が腕を磨き、子どもにどのように授業を組み立てるか、この教材で何が重要か練る、子ども同士の関わりをどう創るか（学級づくり）を仕組むかが高学年教育の核心だったのに、教科担任制によって、教員が授業の創意工夫をし、学級を創っていく場が奪われ、バラバラにされました。

さらに、クラスには、対立や揉めごとがいつ起きるかわからない。それが「次の時間は〇〇の教科で、担任以外の時間だから、話し合う時間はありません」となります。時間割に融通がない、時間割がコンクリート固めされているのです。

行事を進めるためには、学級内でまとまった十分な話し合いが必要です。しかしこれも「〇時間目は中学校の先生が来るから」「時間講師の先生が来るから」と言って話し合いを中断しなければなりません。

学級づくりが細切れにされる。いや、そもそも学級づくりという大切なことが行われなくなりました。

「教科担当制」というからには、その教科の専門の先生が教えているのでしょうか。そうとは限りません。なにせ教科書の通りに教えなければならないのですから、それ以上の専門知識など無用なのです。

## 学級崩壊という当然の結果

当然の結果として「学級崩壊」が起きる。するとクラスに適応できない子どもは家に帰す。「居場所づくり」の場に行ってもらう。かつては「二年間をかけて、学級を創る」のが当たり前だったのに、そんなに学級が持たない、だから一年間で担任を交代する。学級崩壊が起きれば起きるほど、「細切れ」が広がっていく、この悪循環。

小学校の多くの教員が別に望んでもいないのに、相も変わらず、「小学校の教員の労働量を減らすため」

という屁理屈を付けて、「小学校の教科担当制」という国のやりたい方向に無理やり持っていく。

あちこちの地域で今、つくられようとしている「小中連携」「小中一貫」の流れ。その多くが子どもたちに無用の、塗炭の苦しみを与えることになることが目に見えています。

# 12 戦後教育の初心に帰る

## 教員から創意工夫を奪った結果

延々とお話してきたことのまとめです。

二一世紀の初めまで、教育現場で実践してきた平和・人権・環境・主権者教育・科学の視点。そんな高尚な実践は、夢のまた夢の、さらに夢となり、教育から追放されました。教員の中には、平和教育はお上に逆らう、悪いことだと思っている人さえいます。

しかし、かけ算「九九」を言えない子どもがいる。「繰り上がりのあるたし算」「繰り下がりのあるひき算」がわからない子どもがいる。さすがに「これでいい」という教員も一般の方もおそらくはいないと思います。

教員から創意工夫を奪った結果が今日の日本の教育の姿です。

そしてその解決にはまず教員の創意工夫（授業も、学級づくりも）を取り戻すしかないということになります。

このとき、今、教科書通りに進めることが正しいと信じている日本中の大部分の教員に一つだけ問いたいです。教育に携わる者の教育観の根幹とも言える問いです。

**あなたは、自分のクラスに、かけ算九九を覚えていない子どもがいても、教科書に合わせて教え続け、子どもを置き去りにしますか？**

教員がかけ算「九九」に真剣に取り組んでいる子どもと向き合うときに、鉛筆を机の上に何本出すとか、板書やノートを教育委員会や全校で決めたマニュアル通りに書かせること、毎時間、どこかでタブレットを使うことが大事だと、本当に思いますか。

そして、保護者にも、一つだけ問いたいです。

**あなたのお子さんが、かけ算九九を覚えないまま、教科書の次の学習に進むことを、「しかたない」と、諦めますか？**

## 国民的教育論争を

かけ算「九九」の言えない子どもが続出していることを放っておくのか、言えるように手立てを考えるか――。

それは、何が何でも教科書通りとか、デジタル化なのか。子どもが「できる」「わかる」「おもしろい」「不思議だ」「深く考えたい」などの授業を創意工夫することなのか。その大きな分岐点です。

上から降りて来る指令で教育が始まるのか、子どもから、それに最も近い教育現場から、教育が始まるのかの分岐点です。

これからの日本の教育の議論は、ここから始めることができます。

つまり、日本の教育を真っ当に変える基点がここにあるのです。

これは、高度な教育理論などいらない。デジタル化「命」の「お偉い」方に煙に巻かれる心配もない。日本中の誰もが参加できる議論、いわば「国民的教育論争」となり得ます。

## 国に教育を変える気はない

けれども、国に、教育を抜本的に変えようという意志はまったくありません。むしろ、デジタル化や国家主義・復古主義教育、教科書一筋を邁進させるばかりです。変える力は、子どもと間近に接する現場教員であり、保護者しかいません。しかし、この子どもの間近にいる人たちが、この問題にどれほど気づいているか、ここが問題なのです。

もう落ちるところまで落ちるしかないのか。どこかで踏みとどまるのか。しかし、落ちるところまで落ちる中で、どれほどの子どもたちが被害者になるのでしょうか。

公教育よ、子どもの学びを取り戻せ。

教員や保護者、自分たちが悪いのではない。批判する目を持って！

そこに気づいてほしいという一心で、この書を世に問いました。

最後に、一九四七年に文部省が初めて示した学習指導要領を紹介します。

公教育は一九五〇年代半ばに大きく変質させられます。一九五三年に池田勇人（自由党政調会長）とロバートソン（米国務次官補）が、「反共のためにすすんで武器を取る日本の青少年の育成」をめざすことを確認します。そして、鳩山一郎内閣の時代に、それまで選挙で選ばれていた地方の教育委員を、知事や市町村長の任命制にします。権力者に都合のいい人が選ばれやすいということです。

次いで、「『お上』に都合のいい教員か、そうではないか」に差を付けるために、「勤務評定」を始めます（一九五五年）。そして、教科書「検定」を開始し、一九五八年には「（あくまでも、『お上』にとって）りっぱな日本人の育成をめざす」ために、学習指導要領に法的拘束力を持たせ、特設「道徳」も開始しました。

ところが、ここに示した一九四七年の学習指導要領は違います。

その前の時代の学習指導要領です。

戦後教育を創ると理想に燃えた時代のものです。少し長い文ですが、易しい文です。ぜひ保護者の方々も、教員たちも、これを読み、「教育とは何か」を感じ取ってもらえればうれしい限りです。

（一九四七年三月二〇日　文部省）

---

## 学習指導要領（試案）

### 序論

一　なぜこの書はつくられたか

いまわが国の教育はこれまでとちがった方向にむかって進んでいる。この方向がどんな方向をとり、どんなふうのあらわれを見せているかということは、もはやだれの胸にもそれと感ぜられていることと思う。このようなあらわれのうちでいちばんたいせつだと思われることは、これまでとかく上の方からきめて与えられたことを、どこまでもそのとおりに実行するといった画一的な傾きのあったのが、こんどはむしろ下の方からみんなの力で、いろいろと、作りあげて行くようになって来たということである。

これまでの教育では、その内容を中央できめると、それをどんなところでも、どんな児童にも一様にあてはめて行おうとした。だからどうしてもいわゆる画一的になって、教育の実際の場での創意や工夫がなされる余地がなかった。このようなことは、教育の実際にいろいろな不合理をもたらし、教育の生気をそぐようなことになった。たとえば、四月のはじめには、どこでも桜の花のことをおしえるようにきめられたために、あるところでは花はとっくに散ってしまったのに、それをおしえなくてはならないし、あるところではまだつぼみのかたい桜の木をながめながら花のことをおしえなくてはならない、といったようなことさえあった。また都会の児童も、山の中の児童も、そのまわりの状態のちがいなどにおかまいなく同じことを教えられるといった不合理なこともあった。しかもそのようなやり方は、教育の現場で指導にあたる教師の立場を、機械的なものにしてしまって、自分の創意や工夫の力を失わせ、ために教育に生き生きした動きを少なくするようなことになり、時には教師の考えを、あてがわれたことを型どおりに教えていけばよい、といった気持ちにおとしいれ、ほんとうに生きた指導をしようとする心持を失わせるようなこともあったのである。

もちろん教育に一定の目標があることは事実である。また一つの骨組みに従って行くことを要求されていることも事実である。しかしそういう目標に達するためには、その骨組みに従いながらも、その地域の社会の特性や、学校の施設の実情やさらに児童の特性に応じて、それぞれの現場でそれらの事情にぴったりした内容を考え、その方法を工夫してこそよく行くのであって、ただあてがわれた型のとおりにやるのでは、かえって目的を達するに遠くなるのである。またそういう工夫があってこそ、生きた教師の働きが求められるのであって、型のとおりにやるのなら教師は機械にすぎない。そのために熱意が失われがちになるのは当然といわなければならない。これからの教育がほんとうに民主的な国民を育てあげて行こうとするならば、まずこのような点から改められなくてはなるまい。このために、直接に児童に接してその育成の任に当たる教師は、よくそれぞれの地域の社会の特性を見てとり、児童を知って、たえず教育の内容についても、方法についても工夫をこらして、これを適切なものにして、教育の目的を達するように努めなくてはなるまい。いまこの祖国の新しい出発に際して教育の負っている責任の重大であることは、いやしくも、教育者たるものの、だれもが痛感しているところである。われわれは児童を愛し、社会を愛し、国を愛し、そしてりっぱな国民をそだてあげて、世界の文化の発展につくそうとする望みを胸において、あらんかぎりの努力をささげなくてはならない。そのためにまずわれわれの教壇生活をこのようにして充実し、われわれの力で日本の教育をりっぱなものにして行くことがなによりたいせつなのではないだろうか。

平山裕人（ひらやま・ひろと）
1958年、北海道小樽市生まれ。北海道教育大学卒。1981年から小学校教員となり、北海道内の小学校数校に勤務したのち、2019年に定年退職。現在、小樽市の自宅でひっそりと私塾をする。『だれも「おかしい」と言わない小学校〈超管理教育〉の実態』『シャクシャインの戦い』（以上、寿郎社）、『アイヌ地域史資料集』『ワークブック アイヌ・北方領土学習にチャレンジ』『アイヌ語古語辞典』『アイヌの歴史――日本の先住民族を理解するための160語』（以上、明石書店）、『アイヌ民族の現在、過去と未来！』『人間の歴史入門』（藤田印刷エクセレントブックス）など著書多数。

寿郎社ブックレット7
「九九《くく》」が言《い》えないまま大人《おとな》になる子《こ》どもたち

発　行　2024年1月31日　初版第一刷
著　者　平山裕人
発行者　土肥寿郎
発行所　有限会社 寿郎社
〒060-0807 札幌市北区北7条西2丁目 37山京ビル
電話 011-708-8565　FAX 011-708-8566
E-mail info@jurousha.com　URL https://www.jurousha.com
印刷・製本　株式会社プリントパック

＊落丁・乱丁はお取り替えいたします。
＊紙での読書が難しい方やそのような方の読書をサポートしている個人・団体の方には、必要に応じて本書のテキストデータをお送りいたしますので、発行所までご連絡ください。


ISBN 978-4-909281-57-9 C0037

## 寿郎社の好評既刊

だれも「おかしい」と言わない小学校〈超管理教育〉の実態
平山裕人　定価：本体一八〇〇円＋税　978-4-909281-28-9

シャクシャインの戦い
平山裕人　定価：本体二五〇〇円＋税　978-4-902269-93-2

## 寿郎社ブックレット既刊

6　ミャンマーの民主化を求めて　立ち上がる在日ミャンマー人と日本の市民社会
玄武岩・藤野陽平・下郷沙季編著　定価：本体一一〇〇円＋税　978-4-909281-47-0

5　〈聞き書き〉新しい家族のカタチ　子どもを迎える／育てる女性カップルたち
遠藤あかり・大島寿美子　定価：本体一一〇〇円＋税　978-4-909281-52-4

4　新たな時代の〈日韓連帯〉市民運動
玄武岩・金敬黙編著　定価：本体一〇〇〇円＋税　978-4-909281-33-3

3　「慰安婦」問題の境界を越えて
テッサ・モーリス-スズキ・玄武岩・植村隆　定価：本体八〇〇円＋税　978-4-909281-03-6

2　北海道からトランプ的安倍〈強権〉政治にNOと言う
徳永エリ・紙智子・福島みずほ　定価：本体七〇〇円＋税　978-4-902269-95-6

1　泊原発とがん
斉藤武一　定価：本体七〇〇円＋税　978-4-902269-87-1